Eine gute Küche ist das Fundament allen Glücks.

Georges Auguste Escoffier (1846-1935)

IMPRESSUM:

FRIEDAS LECKERE KÜCHENWELT

Traditionelle Rezepte, die gesund und glücklich machen

INHALT

ROHKOST UND SALATE 6

BRÜHEN UND SUPPEN 14

KARTOFFELGERICHTE... 20

GEMÜSE 23

FLEISCH, WILD UND GEFLÜGEL 28

FISCH 34

GRILLEN 41

DESSERTS 49

Lieber Hobbykoch,

da die Zutaten in ihrer Qualität und dem Reifegrad nicht immer gleich sind (Fleisch ist nicht immer gleich zart, Obst und Gemüse ist je nach Erntezeitpunkt und Herkunft mal weicher oder saftiger u.ä.), finden Sie nicht in allen Rezepten exakte Koch- und Backzeiten. Folgen Sie hier bitte den gegebenen Hinweisen und probieren Sie z.B. durch Verkosten einfach aus, ob die Garzeit erreicht wurde.

Die Rezepte sind, sofern nicht anders angegeben, für 4 Personen ausgelegt.

Lassen Sie sich inspirieren, etwas Neues auszuprobieren und seien Sie flexibel, die Rezepte nach Ihrem Geschmack anzupassen.

Viel Freude beim Nachkochen und vor allem: Guten Appetit!

ROHKOST UND SALATE

Salat

Wählen Sie einen Salat bzw. eine Salatmischung nach Ihrem Geschmack und spülen Sie die Blätter sorgfältig ab. Lassen Sie den Salat abtropfen, damit er das Dressing besser aufnehmen kann. Bereiten Sie eines der nachfolgenden Dressings zu und geben Sie über den Salat. Die Blätter locker darin wenden.

Dressing 1

Zutaten
2 EL Essig (z.B. Marillenessig), 3 EL Öl (z.B. Olivenöl, Sonnenblumenöl)
1 fein gehackte kleine Zwiebel, 1 Prise Salz und Zucker

Zubereitung
Weinessig und Öl verquirlen, die restlichen Zutaten unterrühren

Dressing 2

Zutaten
1 Zitrone, 4 EL Öl (z.B. Olivenöl, Sonnenblumenöl), Salz, Pfeffer

2 EL gehackte Kräuter (z.B. Petersilie, Schnittlauch, Zitronenmelisse, Estragon, Brunnenkresse)

Zubereitung
Den Zitronensaft mit dem Öl verquirlen. Kräuter zugeben. Mit Salz und Pfeffer abschmecken.

Dressing 3

Zutaten
½ Zitrone, ½ Tasse saure Sahne, 2 EL gehackte Kräuter

Zubereitung
Den Zitronensaft und die saure Sahne gut verrühren, die Kräuter
unterheben.

Dressing 4

Zutaten
1 Becher Joghurt , 2 EL Öl, 2 EL gehackte Kräuter

Zubereitung
Alle Zutaten miteinander verrühren.

Mayonnaise

Zutaten
1 Eigelb, Salz, 1 TL Senf, 100 ml Sonnenblumenöl

Zubereitung
Eigelb, eine Prise Salz und den Senf mit dem Handmixer cremig
rühren. Das Öl langsam unter ständigem Rühren hinzufügen.

Sellerie-Apfel-Rohkost

Zutaten
1 kleine Sellerieknolle
2 Äpfel, Saft von ½ Zitrone
100g Quark, 100ml Milch, 1 EL Mayonnaise

Zubereitung
Den Sellerie schälen und in dünne Streifen hobeln. Die Äpfel kleinschneiden, unterheben und Zitronensaft hinzugeben. Quark, Mayonnaise und Milch verrühren und darübergeben.

Blumenkohlrohkost

Zutaten
1 kleiner Blumenkohl
Saft von ½ Zitrone
Dressing 4
ein paar Salatblätter, 3 Tomaten

Zubereitung
Den Blumenkohl säubern, in kleine Stücke schneiden oder hobeln, Zitronensaft darüber geben. Das Dressing hinzugeben, auf den Salatblättern dekorativ anrichten. Mit Tomatenstücken garnieren.

Möhren-Apfel-Rohkost

Zutaten
500 g Möhren
3 Äpfel, 2 EL Zitronensaft
1 TL Sonnenblumenöl, Zucker

Zubereitung
Möhren und Äpfel in Streifen hobeln. Zitronensaft, Öl hinzugeben und mit Zucker abschmecken.

Radieschen-Rohkost

<u>Zutaten</u>
3 Bund Radieschen
Dressing 1
einige frische Salatblätter, Schnittlauch und/oder Petersilie

<u>Zubereitung</u>
Radieschen waschen und in feine Scheiben schneiden. Das Dressing hinzugeben und mit den gehackten Kräutern bestreuen.

Mairübchen-Rohkost

<u>Zutaten</u>
8 Mairübchen, 250g Möhren, 1 Apfel
Dressing 1 oder 2
100g Feldsalat, 1 EL gehackte Walnüsse

<u>Zubereitung</u>
Mairübchen, Möhren und Apfel waschen, schälen und in Streifen hobeln, mit dem Dressing mischen. Zusammen mit dem Salat und den gehackten Walnüssen anrichten.

Gurkensalat

<u>Zutaten</u>
2 Salatgurken, Dressing 3 oder 4

<u>Zubereitung</u>
Gurken waschen und schälen, dann in Scheiben hobeln. Kurz vor dem Essen die Gurken mit dem Dressing vermischen.

Rote Beete-Apfel-Salat

<u>Zutaten</u>
3 rote Beete, 2 Äpfel
Dressing 3 oder 4, 1 kleine Zwiebel
½ EL gemahlener Kümmel, ½ EL geriebener Meerrettich

<u>Zubereitung</u>
Die rote Beete schälen und dann mit den Äpfeln fein raspeln. Das Dressing mit der Zwiebel und den Gewürzen verrühren und zu der Beete und den Äpfeln geben.

Porree-Apfel-Salat

<u>Zutaten</u>
3 Porree-Stangen, 2 Äpfel
Dressing 4

<u>Zubereitung</u>
Den weißen Teil der Porree-Stangen abtrennen, waschen und in feine Streifen schneiden. Die Äpfel raspeln und mit dem Dressing verrühren.
Der grüne Teil der Porree-Stangen kann gesäubert und kleingeschnitten für eine spätere Verwendung sehr gut eingefroren werden.

Kartoffelsalat

<u>Zutaten</u>
750g Kartoffeln
1/8l Brühe
etwas Essig, Salz, Pfeffer, Zucker
1 Zwiebel, 2 EL Sonnenblumenöl

<u>Zubereitung</u>
Die Kartoffeln kochen (wie Pellkartoffeln), die Schale entfernen, in Scheiben schneiden.
Die restlichen Zutaten verrühren, abschmecken und zu den Kartoffelscheiben geben.

Spargelsalat

Zutaten
500g weißen Spargel
Zitronensaft, 2EL Öl
Petersilie

Zubereitung
Den Spargel schälen und in ca. 3 cm lange Stücke schneiden und in ein <u>wenig</u> leicht gesalzenem Wasser bissfest andünsten (sodass er nicht anbrennt – ca. 3-4 EL Wasser). Mit den restlichen Zutaten vermengen.

Eiersalat

Zutaten
4 Eier
1 EL Mayonnaise
5 EL Joghurt
Salz, Paprikapulver, Schnittlauch

Zubereitung
Die Eier hart kochen, die Schale entfernen, in Scheiben schneiden. Die restlichen Zutaten verrühren und mit den Eiern vorsichtig vermengen.

Tomatensalat

Zutaten
500g Tomaten
1 Zwiebel, 3 EL Öl
Salz, Pfeffer
Petersilie oder Basilikum

Zubereitung
Die Tomaten in Scheiben schneiden, Zwiebeln würfeln, beides vermischen. Mit Öl, Salz, Pfeffer würzen und mit den geschnittenen Kräutern bestreuen.

Geflügelsalat

Zutaten
1 kleines Suppenhuhn
1 kleiner Sellerie
½ Dose Ananas
2 Apfelsinen oder 4 Mandarinen
4 EL Mayonnaise
5 EL saure Sahne
½ Zitrone
Salz

Zubereitung
Das Suppenhuhn im Salzwasser weich kochen. Wer mag, kann Suppengrün mitgaren. Das Huhn von Haut und Knochen trennen und das Fleisch in kleine Würfel schneiden. Für den Geflügelsalat nur das Fleisch verwenden, die Innereien nicht in den Salat geben.
Den Sellerie schälen und in einem separaten Topf weich garen. Abkühlen lassen und fein hobeln.
Apfelsinen/Mandarinen schälen und in kleine Stücke schneiden.
Mayonnaise, saure Sahne, Zitronensaft und Salz verrühren und alle vorbereiteten Zutaten vorsichtig miteinander vermengen.

Heringssalat

Zutaten
500g Salzheringe oder Matjes
3 Äpfel
½ Glas Gewürzgurken
2 große Zwiebeln, 3 hart gekochte Eier
1 EL Kapern, Salz, Pfeffer, Zucker
Essig, Öl, 1 EL Senf

Zubereitung
Die Salzheringe (ggfs. Matjes) wässern, häuten, entgräten.
Äpfel und Zwiebeln schälen, würfeln. Die Gewürzgurken würfeln.
Die hart gekochten Eier schälen und würfeln. Diese Zutaten vermengen. Kapern und Senf hinzugeben, unterrühren und mit den restlichen Gewürzen abschmecken.

BRÜHEN UND SUPPEN

Fleischbrühe

Zutaten
200g Suppenfleisch
1 ½ l Wasser
geputztes und gewürfeltes Wurzelgemüse (z.B. Möhren, Sellerie, Petersilienwurzel uvm.)
1 Zwiebel
Salz
1 Lorbeerblatt
2 Wacholderbeeren
2 Pimentkörner

Zubereitung
Das Suppenfleisch abspülen und in kaltem Wasser mit dem Wurzelgemüse, der gewürfelten Zwiebel und den Gewürzen ansetzen. Ungefähr 2 Stunden langsam sieden lassen (nicht sprudelnd kochen).

Fischbrühe

Zutaten
Reste von frischem Fisch (Gräten, Flossen, Köpfe)
Wurzelgemüse (z.B. Möhren, Sellerie, Petersilienwurzel uvm.)
1 Bund Petersilie
1 Zwiebel
Salz
1 ½ l Wasser

Zubereitung
Die Fischreste abspülen, ggfs. etwas zerkleinern. Bei den Köpfen die Kiemen entfernen und nicht verwenden. Die Zutaten in kalten Wasser ansetzen und zugedeckt ca. 30-60 min. sieden lassen. Dann abseihen.

Gemüsebrühe

Zutaten
Frisches Gemüse oder Gemüsereste
1 Zwiebel
Salz
1 ½ l Wasser

Zubereitung
Für die Gemüsebrühe können die sauberen Reste (Schalen, Blätter u.ä.) vom Blumenkohl, Wurzelgemüse, Spargel, Schoten uvm. verwendet werden. Verdorbene Stellen entfernen. Alle Zutaten in einen Topf geben und ca. 1 ½ Std. kochen lassen. Um den Geschmack zu verstärken, können die Gemüsestück bzw. Gemüsereste vor dem Kochen in etwas heißem Fett angebraten werden.

Ukrainische Soljanka

Zutaten
3 Zwiebeln
100g Speck, 3 Knoblauchzehen
100g Tomatenmark
1 EL Paprika edelsüß
500g gemischtes Fleisch oder Wurst (z.B. Bratenreste, Lyoner uvm.)
2 saure Gurken, 1 ½ l Fleischbrühe
Salz, Pfeffer, 1 EL Kapern
Eine halbe Zitrone, Dill, Petersilie, 3 EL saure Sahne

Zubereitung
Speck würfeln und in einer Pfanne auslassen. Die feingehackten Zwiebeln hinzugeben und glasig dünsten. Geriebenen oder gehackten Knoblauch, Tomatenmark und das Paprikapulver sowie das in kleine Würfel oder Streifen geschnittene Fleisch und die ebenso gewürfelten sauren Gurken hinzugeben und wenige Minuten andünsten. Mit Brühe auffüllen und aufkochen lassen. Mit Salz, Pfeffer und Kapern würzen, die Sahne unterrühren. Mit zwei Zitronenscheiben dekorieren, gehackten Dill und Petersilie darüber streuen.

Kartoffelcremesuppe

Zutaten
400g Kartoffeln
200g Sellerie, 1 kleine Zwiebel
1 Paprikaschote
1 ¼ l Brühe, 1/8 l Sahne
Salz, Petersilie

Zubereitung
Kartoffeln und Sellerie waschen, schälen, abspülen, würfeln. Gemeinsam mit der gehackten Zwiebel und der gewürfelten Paprika in der Brühe weich kochen. Anschließend das Gemüse zerdrücken oder pürieren. Erneut die Suppe aufkochen und die Sahne einrühren. Mit Salz abschmecken und mit der Petersilie garnieren.

Spargelsuppe

Zutaten
250 g Spargel
¾ l Wasser
Salz, 2EL Mehl
¼ l Milch, Zucker, 1 EL Butter

Zubereitung
Den bereits gewaschenen und geschälten Spargel abspülen und in ¼ l Wasser mit etwas Salz weich kochen. Dann mit dem restlichen Wasser auffüllen. Das Mehl mit der Milch verrühren, so dass keine Klümpchen entstehen, und die Suppe binden. Eine Prise Zucker und die Butter unterrühren. Die Suppe kann verfeinert werden, indem ein verquirltes Eigelb vorsichtig untergehoben wird.

Ochsenschwanzsuppe

Zutaten
500 g Ochsenschwanz
2 EL Öl
1 Zwiebel
Wurzelgemüse
Salz, 40 g Mehl
1 ½ l Wasser, Paprikapulver, Rotwein

Zubereitung

Den Ochsenschwanz waschen und in Stücke zerteilen, in Öl anbraten. Gewürfeltes Wurzelgemüse und die Zwiebel mit etwas Salz zufügen. Anbraten und mit Mehl bestäuben. Wenn alles angeröstet ist, siedendes Wasser hinzugeben und 2 bis 3 Std. kochen lassen. Die Suppe abseihen und mit Paprikapulver, Pfeffer und Rotwein abschmecken. Das Fleisch von den Knochen lösen, in mundgerechte Stücke schneiden und zurück in die Suppe geben.

Buttermilchsuppe

Zutaten
1l Buttermilch (oder Frischmilch)
1 Scheibe Brot, 2 EL Zucker, 1 EL Butter

Zubereitung
Buttermilch unter Rühren zusammen mit Salz und geriebenem Brot kochen, verquirlen. Mit Zucker und frischer Butter abschmecken.

Hagebuttensuppe

Zutaten
250g frische Hagebutten (oder 75g getrocknete Früchte)
1l Wasser, 1 EL Kartoffelstärke, 75g Zucker

Zubereitung
Die Hagebutten putzen (Blütenende und Stiel der Früchte abschneiden), waschen, halbieren und mit ¾ l Wasser ansetzen, weich kochen, durch ein Sieb streichen und erneut aufkochen. Die Stärke mit dem restlichen Mehl anrühren, in der Suppe aufkochen lassen und mit Zucker abschmecken.

Kirschsuppe

Zutaten
250g Sauerkirschen, 1l Wasser
2 EL Kartoffelstärke oder Sago, 100g Zucker

Zubereitung
Die Kirschen waschen, putzen und aufkochen. Stärkemehl in etwas Wasser anrühren und damit die Suppe binden. Mit Zucker abschmecken.

Holundersuppe

Zutaten
375 g Holunderbeeren, 1l Wasser
½ Zitrone, 1 EL Kartoffelstärke, 75g Zucker, 2 Nelken

Zubereitung
Die gewaschenen Holunderbeeren mit einer Gabel von den Stielen abstreifen und in einem Topf zerdrücken. Zusammen mit 1l Wasser, 1 Stück Zitronenschale und 2 Nelken aufkochen. Abseihen, den Saft auffangen, aufkochen, mit dem angerührten Stärkemehl binden und mit Zucker und Zitronensaft abschmecken. Die Suppe kann mit 1 Schuss Rotwein oder Apfelsaft und/oder geraspelten Äpfeln verfeinert werden.

Schokoladensuppe

Zutaten
1l Milch, 50g Zucker
2 EL Kakao
2EL Kartoffelstärke oder Grieß

Zubereitung
¾ l Milch mit dem Zucker aufkochen. Die restliche Milch mit dem Kakao und der Stärke verquirlen und in die Suppe rühren.

KARTOFFELGERICHTE

Bratkartoffeln

Zutaten
500 g Kartoffeln
2 EL Butterschmalz oder Sonnenblumenöl
Salz
1 Zwiebel

Zubereitung
Gekochte Kartoffeln schälen und in Scheiben schneiden. Das Butterschmalz erhitzen, die Kartoffeln zugeben und mit Salz würzen. Während des Bratens wenden.

Die gewürfelte Zwiebel zugeben, wenn die Kartoffel Farbe genommen haben.

Wickelklöße

Zutaten
750 g Kartoffeln
100 g Mehl
50 g Kartoffelstärke
Salz, Muskat
2 EL Butter, 1 Ei
1 EL Semmelbrösel
Butterschmalz

Zubereitung
Die geriebenen, gekochten Kartoffeln mit Mehl, Salz, Muskat, der Hälfte Butter und dem gequirlten Ei zu einem Teig verkneten.

Auf einem bemehlten Blech ca. ½ cm dick ausrollen, mit der restlichen Butter bestreichen, mit Semmelbröseln bestreuen. Schmale Streifen abschneiden, zusammenrollen, zudrücken und anbraten.

Wickelklöße können auch in leicht siedendem Salzwasser 5 min. kochen und dann noch 10 bis 15 min. ziehen.

Kartoffelpuffer

Zutaten
1 ½ kg Kartoffeln
Salz, 2 Eier
2 Zwiebeln
Sonnenblumenöl

Zubereitung
Die Kartoffeln waschen, schälen und reiben. 2 Zwiebeln schälen und reiben, dann unter die Kartoffeln heben.

2 Eier verquirlen und mit einer Prise Salz in die Kartoffelmasse rühren.

In einer Pfanne das Öl erhitzen, löffelweise den Teig hineingeben, etwas flach drücken (damit alles gleichmäßig durchbrät).

Die Puffer wenden, bis sie auf beiden Seiten knusprig und gebräunt sind.

Tipp: mit Zucker bestreuen und Apfelmus oder Apfelkompott dazu reichen.

GEMÜSE

Möhrengemüse

Zutaten
750g Möhren
2 EL Butter
250ml Wasser
Salz
Gehackte Petersilie

Zubereitung
Die Möhren waschen, putzen und klein schneiden. Butter, Wasser und Salz aufkochen, die Möhren hinzugeben und in einem geschlossenen Topf garen. Mit Petersilie bestreuen.

Leipziger Allerlei

Zutaten
200g Erbsen
200g Karotten
200g Kohlrabi
200g Spargel
200g Blumenkohl
3 EL Butter
1 EL Mehl
Salz

Zubereitung
Das Gemüse waschen und putzen. Karotten, Kohlrabi und den Spargel in kleine Stücke schneiden. Den Blumenkohl in Röschen zerteilen.

Das Gemüse in Wasser mit etwas Butter garen. Anschließend mit Mehl bestäuben und aufkochen. Mit Salz abschmecken.

Schwarzwurzelgemüse

Zutaten
750g Schwarzwurzeln
¼ l Wasser
1/8 l Milch
Salz
1 EL Essig
2 EL Butter
1 EL Mehl

Zubereitung
Die gewaschenen und geschälten Schwarzwurzeln kurz in Essigwasser legen, um eine Braunfärbung zu vermeiden.

Die Stangen in kleine mundgerechte Stücke schneiden. Das Wasser mit Salz und Essig aufsetzen und die Stücke darin garen.

Butter in einer Pfanne zerschmelzen lassen, Mehl darüber stäuben und mit der Milch glattrühren, mit etwas Kochwasser auffüllen.

Dann die Schwarzwurzelstücke hineingeben. Nach Belieben mit Muskat würzen.

Rote-Bete-Gemüse

Zutaten
800g rote Bete, Kümmel, Salz
1/4l Wasser, 2 EL Butter
1 Zwiebel, 1 EL Mehl

Zubereitung
Die geputzten, gewürfelten rote Beete mit Kümmel und Salz in siedendem Wasser gar kochen.

In einer Pfanne die Butter und Zwiebelwürfel andünsten. Mehl darüber stäuben, mit etwas Kochwasser ablöschen und ggfs. etwas Milch oder saure Sahne angießen.

Steckrübengemüse

Zutaten
1kg Steckrüben
2 EL Butterschmalz
40g Zucker, 1/4l Brühe
1TL Kartoffelstärke

Zubereitung
Die Steckrübe(n) schälen und in kleine Würfel schneiden. In dem erhitzten Fett den Zucker leicht braun werden lassen, die Steckrübenwürfel hinzugeben, mit der Hälfte der Brühe auffüllen und garen lassen. Nach ca. 10 min. die restliche Brühe angießen und das Gemüse fertiggaren. Die Kartoffelstärke in etwas kaltem Wasser anrühren und zum Gemüse geben.

Grüne Bohnen in Specksoße

Zutaten
65g Speck, 1 Zwiebel, 2 EL Mehl
1/8l Milch, 750g grüne Bohnen
1/4l Wasser, Salz, Bohnenkraut

Zubereitung
Die geputzten Bohnen in Salzwasser zusammen mit dem Bohnenkraut garen.
Den gewürfelten Speck auslassen, Zwiebelwürfel mit anbraten, mit Mehl bestäuben, kurz anschwitzen und die Milch einrühren. Mit etwas Bohnenkochwasser auffüllen. Die abgetropften Bohnen hinzugeben. Frisches Bohnenkraut kurz vor dem Anrichten darüber streuen.

Erbsenpüree

Zutaten
750g Erbsen
¾ l Wasser
Salz, 80g Speck
2 Zwiebeln
Majoran oder Petersilie

Zubereitung
Die Erbsen in leicht gesalzenem Wasser garen. Durch ein Sieb streichen oder pürieren. Den Speck würfeln und gemeinsam mit Zwiebelringen anbraten. Das Püree mit etwas Majoran oder gehackter Petersilie anrichten.

Gurkengemüse

Zutaten
1kg Gurken
1 Prise Pfeffer
50g Mehl
40g Speck, 2 EL Butter
1 EL Senf, 1/8 l Brühe
Salz, 3 EL saure Sahne

Zubereitung
Die Gurken schälen, würfeln und in dem mit Pfeffer vermischten Mehl wälzen. Den gewürfelten Speck in der Butter auslassen, die Würfel herausnehmen und bei Seite stellen. Die Gurkenstücke in dem Fett rundherum anbraten. Senf, Brühe und Speckwürfel hinzugeben und mit garen. Die Soße mit Salz und saurer Sahne oder etwas Essig abschmecken.

Letscho

Zutaten
1kg grüner oder gelber Gemüsepaprika
1/8l Wasser
1kg Tomaten
Salz, Zucker
Gewürzpaprika

Zubereitung
Die gewaschenen und geputzten Paprika in Stücke schneiden und in heißem Wasser gar ziehen lassen. Die Tomaten häuten, in Würfel schneiden und gemeinsam mit den Paprika garen. Salz, Zucker und ggfs. edelsüßen Paprika (Pulver) zufügen.

FLEISCH, WILD UND GEFLÜGEL

Rindfleisch mit Zwiebelsoße

Zutaten
500g Rindfleisch, Salz
1l Wasser
Wurzelgemüse
2 Zwiebeln, 2EL Butter
1 ½ EL Mehl

Zubereitung
Das Rindfleisch in leicht gesalzenem Wasser halb gar kochen, dann das Wurzelgemüse hinzugeben. Die geschälten, in Scheiben geschnittenen Zwiebeln in 1/4l der Brühe kochen.

Die Butter in einem Topf zerschmelzen lassen, Mehl darüber stäuben und anschwitzen, mit ½ l Brühe auffüllen, die Zwiebeln mit der restlichen Brühe dazu gießen und nochmals aufkochen.

Sülze

Zutaten
1kg Eisbein, 2l Wasser
Salz, Zwiebel, Lorbeerblatt, 2 saure Gurken
Gewürzkörner, 2 Möhren, 1 Stück Sellerie, Essig,

Zubereitung
Das Fleisch gründlich abspülen, mit kaltem Wasser und den Gewürzen, 2 Möhren und einem Stück Sellerie ansetzen und ca. 2 Stunden garen, bis es weich ist (jedoch nicht sprudelnd kochen).

Das Fleisch von den Knochen lösen und in gleichmäßige Stücke schneiden. Die Brühe mit Essig abschmecken.

Die saure Gurke würfeln und mit dem Fleisch vermengen, Portionen in Förmchen geben und mit der Brühe auffüllen. Erkalten lassen.

Paprika-Ente mit gebratenem Kohl

Zutaten
1 mittelgroße Ente, 100g Schmalz
2EL Paprika edelsüß, 4 Zwiebeln
100g Paprikamark
1 Weißkohl, 1/4l Joghurt
Salz, Zitronenschale, Knoblauch

Zubereitung
Die Ente säubern, roh in kleine Stücke hacken und salzen. In etwas Schmalz die in Scheiben geschnittenen Zwiebeln anbraten, mit 3/4l Wasser ablöschen, den Edelsüßpaprika und das Paprikamark dazugeben, die Entenstücke einlegen und mit geriebenem Knoblauch, ggfs. auch mit etwas Zitronenschale würzen. Das Gericht zugedeckt in der Backröhre garziehen lassen. Den feingeschnittenen Weißkohl in dem restlichen Schmalz anbraten, wenn das Fleisch bereits gar ist, unter die Soße ziehen, den Joghurt hinzufügen und dazu Knödel oder Salzkartoffeln servieren.

Pikante Curry-Ente

Zutaten
1 Ente, 5 EL Öl
750g Zwiebeln
2 Gemüsepaprika
1 Tomate, Curry, Edelsüßpaprika, Salz

Zubereitung
Eine gesäuberte Ente roh in große Stücke teilen und mit Salz und Edelsüßpaprika würzen, in heißem Öl scharf anbraten und die in große Scheiben geschnittenen Zwiebeln dazugeben, eine Messerspitze Curry darüber streuen und kurz dünsten. Zwei ohne Kerngehäuse in Ringe geschnittene Gemüsepaprika und eine zerteilte Tomate hinzufügen und alles zugedeckt, wenn möglich im eigenen Saft gardünsten. Als Beilage Kartoffeln und Bohnengemüse servieren.

Slowenische Ente in Senfsoße

Zutaten
1 mittelgroße Ente
2 Äpfel, 1/8l Rotwein
Senf, Paprika, Zucker
350g Sauerkraut, 4 EL Öl
6 Scheiben Schwarz- oder Vollkornbrot

Zubereitung
Die vorbereitete Ente braten, abkühlen lassen, auslösen und in mittelgroße Stücke teilen. Die Entensoße mit dem Rotwein verkochen und mit Senf nach Geschmack verrühren.
Das Sauerkraut roh in Öl anbraten, ohne Flüssigkeit hinzuzugeben und auf die Schwarzbrotscheiben verteilen. Auf diese Sauerkrautbrote die ausgelösten brust- und Keulenstücke der Ente legen, mit der noch warmen Senfsoße überziehen und jede Portion mit einem in Öl gebratenen Apfelring verzieren.

Gebackene Pute

Zutaten
1 mittelgroße Pute
3 EL Mehl, 5 Eier
150g Paniermehl , 6 EL Öl
125g Butter, 1 Glas Weißwein
Salz, Pfeffer, Paprika edelsüß

Zubereitung
Eine vorbereitete Pute roh in mehrere Brust- und Keulenstücke teilen. Stücke leicht anfeuchten, salzen, in Mehl wenden, durch verquirltes Ei ziehen, von allen Seiten panieren und mit etwas Pfeffer und Paprika würzen.
Die so vorbereiteten Stücke in eine Pfanne mit erhitztem Öl geben, nach und nach mit der zerlassenen Butter begießen, scharf anbraten, mit dem Weißwein ablöschen und dann für etwa eine ¾ Stunde in die heiße Röhre schieben. Danach für weitere 30 min. bei offenem Deckel sehr knusprig braten, Pommes frites oder Kartoffelbällchen und eine große gemischte Salatplatte reichen.

Hühnersteak

Zutaten
1 Huhn, 125g Gramm Butter
2 Eier, 3 Zwiebeln
Meerrettich
Salz, Pfeffer, Senf, Mehl

Zubereitung
Brüste und Keulen knochenfrei auslösen. Salzen, pfeffern und mit Meerrettich bestreuen, Senf aufstreichen und auf jedes Teil gehackte Zwiebel fest andrücken.

Dann vorsichtig mehlieren und in geschlagenes Ei tauchen. Das Fett in der Pfanne heiß werden lassen und langsam braten. Wenn die erste Seite goldgelb gefärbt ist, drehen und die andere Seite gut durchbraten. Mit Bratkartoffeln und Rohkostsalat servieren.

Schmorhühnchen

Zutaten
1 Huhn, 150g Champignons
20g Tomatenmark
50g Öl
1/4l Weißwein
Pfeffer, Salz
Knoblauch

Zubereitung
Das Huhn in 4 Stücke teilen und in einer Kasserolle in Öl anbraten. Danach Champignons hinzugeben und den Deckel schließen.

Da die Brusthälften schnell gar sind, nimmt man sie eher heraus als die Keulen. Der Bratensatz wird mit dem Weißwein abgelöscht, mit dem Tomatenmark verkocht und mit Pfeffer und Knoblauch abgeschmeckt. Die Hühnerbrüste bis sie heiß sind nochmals in die Soße geben.

Geflügelschaschlik

<u>Zutaten</u>
2 Hühnerbrüste
150g Geflügelleber
3 Zwiebeln
2 Paprika
3 Tomaten
150 g Rauchspeck

<u>Zubereitung</u>
Mundgerechte Scheiben/Stücke vom Geflügelfleisch mit gleichmäßig großen Scheiben von Geflügelleber, Zwiebelscheiben, Paprikaschoten, Tomaten und Rauchspeck abwechselnd auf Spieße stecken.

Die Spieße mehlieren, in Ei wenden, in Paniermehl einhüllen und festdrücken.

Beim Anbraten mit Butter oder Öl bestreichen.

FISCH

Heringsbuletten

Zutaten
1kg grüne Heringe
1 Zwiebel
1 Knoblauchzehe
20 g Rauchspeck
2 in Milch eingeweichte Brötchen
1 TL Anchovispaste
Pfeffer, Salz
Sonnenblumenöl

Zubereitung
Die Heringe entgräten und mit den Brötchen durch den Fleischwolf drehen. Zwiebel, Knoblauch und Speck würfeln, anbraten und zur Heringsmasse geben. Mit Salz und Pfeffer würzen. Kleine Buletten formen, in Paniermehl wenden und anbraten.

Festtagsrollmöpse

Zutaten
750g Heringsfilets
1 Tasse Öl
125g Tomatenmark
3EL Weinessig
5 mittlere in Ringe geschnittene Zwiebeln
1EL Zucker
15 Gewürzkörner, Salz

Zubereitung
Heringsfilets säubern und entgräten. Vom Schwanzende her aufrollen und dicht in eine gefettete, feuerfeste Form legen. Alle anderen Zutaten mischen, abschmecken, über die Rollmöpse geben und so lange dünsten, bis die Zwiebeln schön glasig sind.

Rührei mit Heringsrogen

Zutaten
1-2 Heringsrogen
2 Eier
2TL Tomatenmark
Salz, Butter, Schnittlauch

Zubereitung
In die geschlagenen Eier den zerpflückten Rogen und das Tomatenmark geben, mit etwas Salz würzen, Butter in der Pfanne zerlassen und die Eiermasse zugeben. Wenn diese gestockt ist, auf Röstbrot anrichten. Mit Schnittlauch bestreuen.

Heringe im Apfelbett

Zutaten
1kg kleine Heringe
Essig, Salz
2 Zwiebeln
2 EL Sonnenblumenöl
4 säuerliche Äpfel, 1 EL Reibkäse
2 EL Semmelmehl, 30 g Butter

Zubereitung
Die Heringe entgräten. Die feingehackten zwiebeln im Öl glasig schwitzen. Die Äpfel reiben und in einer eingefetteten Auflaufform verteilen.

Die angeschwitzten Zwiebeln darauf geben und die Heringsfilets mit dem Rücken nach oben eng aneinander legen. Reibkäse und Semmelmehl mische und darüber streuen.

Einige Butterflöckchen darüber geben. Im vorgeheizten Ofen 15 bis 20 min. backen. Mit Kartoffelbrei servieren.

Bratheringe

<u>Zutaten</u>
1kg kleine Heringe
Essig, Salz, Mehl, Öl

Marinade:
400ml Wasser, 1/8l Essig, 1 Glas Weißwein, Worcestersoße
3 Zwiebeln, 1 Lorbeerblatt
10 Pfefferkörner, 2 Nelken
1 TL Salz, 1 Prise Zucker

<u>Zubereitung</u>
Die Heringe ausnehmen, unter fließendem Wasser abspülen, abtropfen lassen, mit etwas Essig beträufeln und salzen. In Mehl wenden und auf beiden Seiten in heißem Öl 3 bis 4 min. goldgelb anbraten. Für die Marinade die o.g. Zutaten mischen. Alles kurz aufkochen und auskühlen lassen. Die Marinade über die Bratheringe geben und einen Tag durchziehen lassen.

Feiner Karpfensalat

<u>Zutaten</u>
1 kleiner Karpfen
75g Mayonnaise, 4 EL Milch
1 EL geriebener Meerrettich, 1 EL geriebener Apfel
Etwas Weinessig oder Zitronensaft
1 Prise Zucker, Worcestersoße

<u>Zubereitung</u>

In einem Würzsud aus mildem und leicht gesalzenem Essigwasser, dem einige Möhren- und Zwiebelscheiben, 1 kleines Lorbeerblatt, einige Pfefferkörner und einige Petersilienstiele beigegeben werden, den Karpfen garziehen lassen. Mit Messer und Gabel wird das ausgekühlte Fischfleisch von Haut und Gräten befreit. Dann eine Salatsoße aus 75g Mayonnaise 4 EL Milch, 1 EL geriebenem Meerrettich, 1 EL geriebenem Apfel, etwas Zitronensaft oder Weinessig, Zucker und Worcestersoße bereiten. Die Soße über das Karpfenfleisch geben, vorsichtig umrühren und anrichten. Mit Petersilie, Zitronenspalten und Apfelscheiben garnieren.

Ungarische Karpfensuppe

Zutaten
1500g Karpfen, Salz
500g Kartoffeln
150g Zwiebeln
2 grüne Paprikaschoten
1 Tomate
30g Schweineschmalz
2-3 TL Edelsüßpaprika (Pulver)
Einige Sellerieblätter

Zubereitung
Den Karpfen ausnehmen, reinigen und schuppen. Der Fisch wird der Länge nach geteilt.

An einer Hälfte ist die Wirbelsäule. Diese herausschneiden. Die Kopfteile und die Wirbelsäule mit 75g Zwiebelscheiben und Sellerieblättern und 1l Wasser ansetzen, langsam zum Kochen bringen. 20 min kochen lassen.

Die Karpfenhälften zu 2-3 fingerbreiten Stücken teilen. Die gewürfelten Zwiebeln im Schweineschmalz anbraten, mit etwas Fischbrühe angießen, Edelsüßpaprika einrühren und mit Fischbrühe auffüllen.

Die geschälten Kartoffeln würfeln und in der Fischbrühe aufkochen lassen.

Dann die gesalzenen Fischstücke, die Paprikaschotenstücke und die gewürfelte Tomate dazugeben. 20 min. kochen lassen.

Pikant abschmecken. Mit Brot servieren.

Karpfensoljanka

Zutaten
1 Karpfen
125g Tomatenmark
200g saure Gurken
900g Weißkohl
150g Butterschmalz
2 Zwiebeln
30g Mehl
50g Semmelbrösel
40g Kapern
Salz, Pfeffer

Den vorbereiteten Karpfen in 2cm breite Stücke teilen. Aus dem Kopf die Kiemen entfernen, mit ¼ l leicht gesalzenem, kaltem Wasser ansetzen, langsam zum Kochen bringen.

Vom Siedepunkt an 20 min kochen. Den Weißkohl in Streifen schneiden und in 50g Butterschmalz andünsten. 1 Tasse von dem Fischsud angießen und zugedeckt garen, bis der Kohl weich ist.

Die Fischstücke mit Essig oder Zitronensaft beträufeln, leicht salzen und pfeffern, in Mehl wenden und mit Zwiebelscheiben in heißem Fett braten.

Dann das Tomatenmark, die zu Scheiben geschnittenen sauren Gurken und die Kapern mit der restlichen Fischbrühe mischen und zu den Karpfenstücken gießen.

Auf den heißen Weißkohl die Karpfenstücke mit der Brühe anrichten. Alles mit Semmelbrösel bestreuen.

Die Form in den gut vorgeheizten Ofen für 10-15 min. zum Überbacken schieben. Hierzu reicht man Baguette.

GRILLEN

Würzige Grillsoße

Zutaten
2kg reife Tomaten
¼ l Essig
7 kleine Zwiebeln
3 Knoblauchzehen
1 ½ EL Salz
5 EL Zucker
2 Lorbeerblätter
20g gemahlenen Pfeffer
10 Pimentkörner
15 Wacholderbeeren
8 Nelken

Zubereitung
Tomaten, Zwiebeln und Knoblauch würfeln und mit allen Gewürzen
3 bis 4 Stunden auf kleiner Flamme köcheln lassen.

Anschließend durch ein Sieb streichen, in Einmachgläser füllen.

Tomatenketchup

Zutaten
2kg Tomaten
2 geriebene Zwiebeln
1 ½ EL Salz
2 EL Weinessig
2EL Rotwein
Je eine Messerspitze Ingwer
Pfeffer und Paprika edelsüß
100g Zucker

Zubereitung
Tomaten, Zwiebeln und Salz eine halbe Stunde lange kochen,
anschließend durch ein Sieb streichen und mit den Gewürzen und
dem Zucker kochen, bis es dick wird.

Anschließend den Ketchup in Gläser füllen.

Paprika-Tomaten-Chutney

Zutaten
1 rote und 1 grüne Paprika
500g Tomaten
5 EL Essig
Nelken
Salz
Paprika
Senfkörner
Pfefferkörner
250g Zwiebeln
200g Zucker

Zubereitung
Die Paprikas würfeln, die Tomaten häuten, würfeln und hinzugeben. Mit den Gewürzen verrühren.

Alles in einen Topf geben und ca. 30 min. köcheln lassen. In Gläser abfüllen.

Marinierte Nackensteaks

Zutaten
4-6 Nackensteaks

Marinade:
1/2 Flasche Schwarzbier
1 Zwiebel
10 Wacholderbeeren
3 Lorbeerblätter
1 EL Pfefferkörner
6 EL Olivenöl
2 EL scharfer Senf

Zubereitung
Die Zutaten für die Marinade mischen. Der Geschmack der Gewürze kann intensiviert werden, indem man die Körner andrückt oder in einem Mörser zerkleinert. Die Nackensteaks darin marinieren, dann grillen.

Hähnchenschenkel

Zutaten
4-6 Hähnchenschenkel

Marinade:
1 mittelgroße Zwiebel
Pfeffer, Salz
2 EL Senf
3 EL flüssigen Honig
3 EL Ketchup oder Tomatenmark oder Texicana Salsa
Salz, Pfeffer
3 Zweige Rosmarin
3 Knoblauchzehen
Oregano
4 EL Öl

Zubereitung

Die Zwiebel würfeln, die Knoblauchzehen zerdrücken, Rosmarin und Oregano fein hacken. Zusammen mit den anderen Zutaten für die Marinade gleichmäßig verrühren und abschmecken.

Die Hähnchenschenkel mit der Marinade bestreichen, dann grillen.

Lamm-Frikadellen

500 g Lamm-Hack
1 Zwiebel, 2 Knoblauchzehen
1 El Minze oder Petersilie
1 Ei
Salz und Pfeffer
Öl, 1 EL Senf

Zwiebel und Knoblauchzehen fein würfeln und mit den restlichen Zutaten verkneten.

Frikadellen in beliebiger Größe formen, etwas flach drücken und grillen.

Kräuterfisch

Zutaten
1 ganzer Fisch (z.B. Dorade, Wolfsbarsch, Forellen) oder mehrere kleine Fische
Frische Kräuter (z.B. Oregano, Rosmarin, Zitronenmelisse, Petersilie, Schnittlauch uvm.)
1 unbehandelte Zitrone
5 Knoblauchzehen
Salz, Pfeffer, Öl

Zubereitung
Den Fisch waschen und trocken tupfen, ggfs. Schuppen entfernen. Die Kräuter hacken.

Die Zitrone in halbe Scheiben schneiden. Den Fisch innen und außen salzen und pfeffern, den Bauch mit den Kräutern, Knoblauch und ein paar Zitronenscheiben füllen.

Den Fisch in eine Grillform legen, mit Olivenöl beträufeln und grillen.

Folienkartoffeln

Zutaten
8 mehlig kochende Kartoffeln
Salz, Pfeffer
etwas Öl

Zubereitung
Die Kartoffeln waschen und ringsum einstechen.

Alufolienquadrate bereitlegen, diese mit Öl bepinseln, Salz und Pfeffer aufstreuen.

Dann die Kartoffeln einzeln in Alufolie einwickeln und am besten in die Glut des Grills legen (50-60min).

Gegrillte Tomaten

<u>Zutaten</u>
8 Fleischtomaten
Salz, Pfeffer, Oregano
Geriebener Parmesan

<u>Zubereitung</u>
Die Tomaten waschen, halbieren, Strunk entfernen. In eine Auflaufform oder auf ein Grillblech legen.

Mit Salz, Pfeffer und Oregano bestreuen. Etwas Öl darüber geben.

Mit dem Käse bestreuen und auf dem Grill oder im Backofen durchziehen lassen.

Gegrillte Ananas

<u>Zutaten</u>
1 frische reife Ananas
1 große rote Zwiebel
1 Zitrone, 4 EL Öl
Salz, Pfeffer, Zucker
Basilikum oder Mandarinenminze oder Ananassalbei

<u>Zubereitung</u>
Die Ananas putzen und in dickere Scheiben schneiden. Die Zwiebel schälen und in Scheiben schneiden. Ananas und Zwiebel vermengen.

Öl, Salz und Pfeffer verrühren und darüber geben.

Die Ananas-/Zwiebelmischung nun in eine Grillform legen und grillen (10-15min).

DESSERTS

Gebackene Apfelscheiben

<u>Zutaten</u>
¼ l Milch
250g Weizenmehl
25g Zucker
1 Päckchen Vanillezucker
½ Päckchen Backpulver, 1 Ei
4 große säuerliche Äpfel
Sonnenblumenöl oder Butterschmalz zum Ausbacken
Puderzucker zum Bestreuen oder Zucker/Zimt

<u>Zubereitung</u>
Die Äpfel waschen, schälen, mit einem Apfelausstecher entkernen und in Scheiben schneiden.

Die Milch mit dem Mehl verquirlen, Backpulver, Vanillezucker und Zucker unterrühren. Die Apfelscheiben in den Teig tauchen und in einer gefetteten Pfanne ausbacken.

Mit Puderzucker oder Zucker und Zimt bestreut servieren.

Bettelmann

<u>Zutaten</u>
3 Milchbrötchen
50g Butter
50g Zucker
1 EL Vanillezucker
¼ l Milch
1 Ei
1 EL Speisestärke

<u>Zubereitung</u>
Die Milchbrötchen in Scheiben schneiden und auf einen mit Butter bestrichenen feuerfesten Teller oder in eine Auflaufform legen. Mit Zucker und Vanillezucker bestreuen. Die Milch mit Ei und Speisestärke verquirlen und darüber gießen.

Den Teller bzw. die Auflaufform in den vorgeheizten Backofen stellen und die Speise leicht Farbe nehmen lassen (ca. 10 min). Anschließend servieren.

Waffeln

Zutaten
250g zimmerwarme Butter
50g Zucker
1 Päckchen Vanillezucker, abgeriebene Zitronenschale
1 EL Rum oder alternativ etwas Rum-Aroma
500g Weizenmehl
6 Eier
1 Päckchen Backpulver
½ l Milch

Zubereitung
Die Butter mit dem Zucker, Vanillezucker, der Zitronenschale und Rum cremig schlagen, die Eier einzeln unterrühren, Mehl, Backpulver und Milch nach und nach hinzugeben und rühren, bis der Teig Blasen wirft.

In einem heißen und gefetteten Waffeleisen portionsweise ausbacken.

Stachelbeerkaltschale

Zutaten
500g Stachelbeeren
125 g Zucker
1 1/4l Wasser
25 g Speisestärke
etwas geriebene Zitronenschale

Zubereitung
Die Stachelbeeren waschen und putzen und mit Zucker und Wasser aufkochen, bis zu beginnen aufzuplatzen.

Die Speisestärke in etwas Wasser verquirlen und unter die Stachelbeeren rühren. Mit Zitronenschale abschmecken. Kaltstellen.

Frucht-Quark-Speise

Zutaten
500g Magerquark
100ml Milch
Zitronensaft
Abgeriebene Zitronenschale
Zucker
2 Birnen
2 Äpfel

Zubereitung
Den Quark mit der Milch glattrühren, mit Zitronensaft und –schale sowie etwas Zucker abschmecken.

Birnen und Äpfel würfeln oder raspeln und mit dem Quark vermischen.

Wespennester

Zutaten
3 Eiweiß, 1 Prise Salz, 250g Zucker
1 Päckchen Vanillezucker
250g gehackte Mandeln
125g geriebene Schokolade

Zubereitung
Das Eiweiß mit einer Prise Salz zu Eischnee schlagen, Zucker und Vanillezucker löffelweise unter Rühren hinzufügen und die gehackten Mandeln sowie geriebene Schokolade unterheben.

Mit einem Löffel kleine Portionen auf ein mit Backpapier ausgelegtes Blech setzen und 15 min bei leichter Hitze (120°C) backen.

Johannisbeerspeise

Zutaten
500g Johannisbeeren
100g Zucker
1/4l Wasser
30g Speisestärke

Zubereitung
Die Johannisbeeren waschen und putzen. Den Zucker in dem Wasser aufkochen, die Beeren hinzugeben, gar ziehen lassen.

In etwas Wasser die Speisestärke verquirlen und in die Johannisbeeren rühren.

Gut durchkochen und in eine Glasschale oder mehrere kleine Einzelportionsschälchen füllen. Abkühlen lassen.

Mit Vanillesoße servieren.

Ein gutes Essen ist Balsam für die Seele.

NOTIZEN

10253398R00032

Printed in Germany
by Amazon Distribution
GmbH, Leipzig